Offert à M. Ravenel
A. Chéruel

BIOGRAPHIE NORMANDE.

NICOLAS BRETEL,

SEIGNEUR DE GRÉMONVILLE,

Ambassadeur de France à Rome et à Venise.

1644—1648.

La Normandie est peut-être la province qui a donné à la France le plus de négociateurs. L'esprit de *Sapience*, la finesse, la ruse poussée jusqu'à la duplicité, la prudence qui devine et déjoue les plans des adversaires, la persévérance à poursuivre le même but en variant les moyens, tous ces traits caractéristiques du génie Normand conviennent merveilleusement aux luttes diplomatiques. Aussi, trouve-t-on un grand nombre de Rouennais employés dans les ambassades. A l'époque surtout où Richelieu abaissait l'aristocratie féodale et élevait le Tiers-État, les familles parlementaires de Normandie lui fournirent des agents habiles ; ainsi, les Gremonville (Nicolas et Jacques), les Groulart, les d'Amontot (1), pour ne citer que quelques noms, servirent la glorieuse politique de Richelieu et de Mazarin, en Italie, en Autriche et en Hollande, et prirent une part active à des négociations du plus haut intérêt. Et, cependant, leurs noms sont restés obscurs. Il faut surtout l'attribuer à la nature de leurs services, qui, enveloppés des mystères de la diplomatie, ne pouvaient avoir l'éclat des succès obtenus dans les lettres ou sur les champs de bataille. Leur correspondance, qui aurait pu seule révéler l'importance de leur rôle, était presque toujours condamnée à l'oubli par des considérations politiques. De nos jours, ces motifs n'imposent plus silence à l'histoire, et une publication récente a fait ressortir le mérite d'un de ces diplomates rouennais, le chevalier de Grémonville (2). Ses dépêches montrent une audace, une souplesse d'esprit et une fécondité de génie qui le placent à un rang élevé parmi les ambassadeurs. Mais son frère aîné, qui remplit aussi des fonctions diplomatiques, a été moins heureux. La *Biographie Universelle*, dans l'article de quelques lignes qu'elle lui a consacré (3), a entassé erreurs sur erreurs. Elle le confond avec son père, Raoul Bretel de Grémonville, président au Parlement de Normandie, et avec son jeune frère, Jacques Bretel, ambassadeur à Vienne. Elle le fait vivre

---

(1) Ce personnage, aujourd'hui profondément oublié, eut une grande réputation au XVIIe siècle. Il se nommait Raoul Le Seigneur, sieur d'Amontot, et fut successivement négociateur en Hollande, à Cologne, à Bruxelles, et ambassadeur à Gênes.

(2) *Négociations relatives à la succession d'Espagne*, publiées par M. Mignet, dans la collection des documents inédits de l'*Histoire de France*. Il a paru quatre volumes in-4 de cet ouvrage.

(3) *Biographie Universelle*, art. BRETEL (Nicolas).

en 1671, plus de vingt ans après sa mort. J'ai cru utile, pour la biographie de la Normandie et même pour l'histoire de la diplomatie française de rectifier de pareilles erreurs. Sans avoir la ridicule prétention de découvrir des grands hommes inconnus, il est du devoir de ceux qui ont à cœur la gloire de la Normandie et la justice due à ses enfants, de rendre hommage à leur mérite, et de sauver leur mémoire d'un injuste oubli. Tel est le motif qui m'a porté à tracer cette esquisse biographique ; elle aura, du moins, l'avantage de s'appuyer sur des documents d'une authenticité incontestable (1).

Nicolas Bretel, naquit à Rouen en 1606. Il était fils aîné de Raoul Bretel, sieur de Grémonville, président au Parlement de Normandie, et d'Isabeau Groulart, fille du premier président Claude Groulart. Nicolas Bretel fut baptisé au mois de juillet 1606, dans l'église de Saint-Cande-le-Jeune (2). Il fit ses premières études au collége des Jésuites de Rouen, suivit plus tard un cours de droit dans la maison paternelle sous la direction d'un jurisconsulte appelé par le président de Grémonville, et alla enfin compléter son instruction à l'Université d'Orléans, qui s'occupait principalement de l'enseignement du droit. Nicolas Bretel fréquenta les cours de l'Université d'Orléans pendant

---

(1) J'ai eu à ma disposition tous les papiers de Nicolas Bretel, qu'a bien voulu me confier M. Bezuel, propriétaire des archives de la famille de Grémonville. L'ambassadeur avait déposé un double de sa correspondance diplomatique dans la bibliothèque de Saint-Germain-des-Prés. Ce manuscrit fait maintenant partie de la Bibliothèque royale. M. Daru s'en est servi dans son *histoire de Venise*.

(2) Cette église était située rue aux Ours ; elle sert maintenant de magasin.

deux ans, puis se rendit à Paris, et s'y forma à la pratique en suivant le barreau sous la direction d'un docteur en droit, maître Colombel. En 1631, il acheta une charge de conseiller au Grand Conseil, et fut reçu l'année suivante en qualité de membre de ce tribunal suprême (1).

En 1632, il épousa Anne-Françoise de Loménie, d'une ancienne famille de secrétaires d'État, et ne tarda pas à entrer dans les fonctions administratives. Richelieu venait de créer un des plus puissants ressorts du gouvernement monarchique, les Intendants de province. Ces magistrats, nommés par le Ministre, placés sous sa main, changeant souvent de résidence, agents dévoués de sa politique, étaient choisis d'ordinaire parmi les jeunes conseillers d'État, dont Richelieu avait distingué le zèle et la capacité. Grémonville fut désigné pour remplir ces fonctions. Le 18 avril 1639, Richelieu le nomma *Intendant de justice* à l'armée que commandait en Picardie le maréchal de Châtillon. Grémonville assista, en cette qualité, au siége d'Arras (1640), et contribua, par son activité et sa prévoyance, à la prise de cette ville, et à la conquête de toute la province d'Artois. Richelieu récompensa ses services en le nommant aux fonctions d'*Intendant de justice, finances et police* en Champagne (23 septembre 1640). Le titre seul de la charge indique quelle vaste puissance exerçaient ces délégués du Ministre. Grémonville prit part à toutes les opérations de l'armée de Champagne qui couvrait notre frontière septentrionale menacée par les Espagnols. Il assista à la bataille de la Marfée, près de Sédan (1641), et les éditeurs des *Mémoires de Montrésor* ont

---

(1) Tous ces détails sont tirés du procès-verbal *d'information de vie et mœurs* de Nicolas Bretel, qui fut dressé, suivant l'usage, avant son entrée au Grand Conseil.

emprunté à sa correspondance quelques détails sur cette journée (1). Appelé le 12 août 1642 à l'Intendance de Languedoc, Grémonville contribua à organiser l'armée qui envahit la Catalogne, et, l'année suivante, fut envoyé avec la même charge en Piémont, où commandait le maréchal d'Harcourt, illustré par les victoires de Casal et de Turin. Il y resta un an de 1643 à 1644.

La capacité dont Grémonville avait fait preuve dans tous ces emplois, où il fallait unir l'activité du soldat à l'habileté du diplomate, le désignait pour de plus hautes fonctions. Il fut nommé ambassadeur à Venise, vers la fin de l'année 1644, et chargé, avant de s'y rendre, d'une mission près du Saint-Siége. Innocent X (Pamphilio) venait d'être élu pape, malgré la France, et par l'influence de l'Espagne. Mazarin, qui avait remplacé Richelieu dans la direction de la politique française, punit l'ambassadeur, Saint-Chamont, de sa négligence ou de son malheur ; il le rappela, et chargea Grémonville de passer par Rome, et d'entamer une négociation avec le nouveau pape pour l'enlever, s'il était possible, à l'influence exclusive des ennemis de la France. C'était l'époque d'une lutte acharnée entre les deux principales puissances de l'Europe, la France et l'Espagne. Celle-ci, qui voyait le Portugal, la Catalogne et le Piémont lui échapper, espérait se relever par le crédit d'Innocent X. Grâce à lui, elle troublait les églises de Portugal et de Catalogne qui restaient sans pasteurs depuis leur révolte contre Philippe IV ; et elle soutenait son influence en Italie, malgré les attaques du parti français. La négociation de Grémonville, destinée à déjouer ces intrigues de l'Espagne, avait donc une haute importance,

---

(1) Voy. les *Mém. de Montrésor*, édit. de Cologne, 1723, T. II, p. 17, 18 et 19.

et pouvait faire pencher la balance en faveur de la France. Malheureusement, aux questions nationales se mêlait une intrigue domestique que Mazarin avait surtout à cœur. Il voulait relever à Rome la considération de sa famille, et demandait le chapeau de cardinal pour son frère, Michel Mazarin, moine dominicain, maître du sacré palais.

Grémonville ne se dissimulait pas les difficultés de cette affaire de famille. A Gênes, il vit le cardinal de Lyon, qui revenait de Rome, et qui lui parla « de l'humeur de ce « bon religieux (Michel Mazarin), » « de sorte, écrivait l'am- « bassadeur (1), que je le crains plus que tous les écueils « de la mer, et ce n'est pas sans raison, prévoyant quasi « le naufrage inévitable. » Et encore : « ce bon religieux « faict de son ambition les intérêts de l'Estat, et il croit « que tout doit estre sacrifié à ses prétentions, au succès « desquelles il fait consister la réputation de la France. »

Grémonville ne tarda pas à reconnaître que le cardinal de Lyon n'avait rien exagéré. Dès les premiers jours de son arrivée à Rome (février 1645), il vit quels embarras lui causerait le frère de Mazarin : « L'ambition, écrivait-il « à Brienne (2), a tellement desmonté l'esprit du bon père, « qu'il veut que son intérêt marche devant celui de l'Estat, « et que je parle de son affaire dès ma première audience « à l'exclusion de toutes celles du roy.... Jamais démon « ne fust plus importun et plus pressant et n'entendist « moins la raison que celui-là. »

L'impatience et l'indiscrétion de Michel Mazarin com- promettaient le succès de la négociation, à laquelle il at-

---

(1) Lettre à M. de Brienne, datée de Gênes, 22 janvier 1645.
(2) Lettre à M. de Brienne, en date du 6 février 1645.

tachait tant d'importance. Il avait répandu le bruit que Grémonville apportait au cardinal Pamphilio, neveu du pape, le brevet d'une riche abbaye, et, dès sa seconde audience, l'ambassadeur fut si vivement pressé par Innocent X, qu'il se laissa arracher la promesse de l'abbaye de Corbie, qui valait 25,000 liv. de rente. Voici comment Grémonville raconte cette scène, qui fut le prétexte de la plupart des accusations dirigées contre lui(1) : « Sans
« me donner le loisir d'achever, (le pape) me demanda
« si S. M. désiroit donner quelque abbaye à son neveu.
« Après cela, je ne crus pas devoir différer d'offrir une
« chose qui estoit demandée avec tant d'avidité. Ainsy,
« luy expliquois-je la pensée de S. M. en faveur du car-
« dinal Pamphilio, exagérant, le plus que je pus, la gran-
« deur du bienfaict et la grâce dont on l'accompagnoit,
« le donnant de si bonne façon. Alors le visage du S. P.
« se rasséréna et sembla rajeunir de dix ans, et son élo-
« quence redoubla pour mieux faire ses remerciements
« en disant : vous avez esté les premiers à nous gratifier. »

Mais Innocent X, après avoir accepté ou plutôt arraché l'abbaye de Corbie pour son neveu, ne se soucia plus de la France. Il prétendit que deux frères ne pouvaient être

---

(1) Fontenay-Mareuil accuse M. de Grémonville de trop de confiance : « Le cardinal Mazarin fist donner au cardinal Pam-
« phile, neveu du pape, l'abbaye de Corbie, qui est de très grand
« revenu, et M. de Grémonville, qui allait à Venise comme am-
« bassadeur, eust ordre de passer par Rome pour lui en porter
« le brevet et arrester par mesme moyen la promotion du père
« Mazarin. Mais, ayant, *par trop de confiance aux bonnes chères*
« *qu'on luy faisoit*, donné le brevet sans estre assuré de rien,
« le pape, qui n'avait voulu ceste abbaye que pour tirer un acte
« de reconnaissance de la France, etc. *Mém. de Fontenay-Mareuil*, coll. Petitot, T. II, p. 317.

en même temps cardinaux, et éluda les autres demandes relatives au Portugal, à la Catalogne et à l'archevêque de Trèves, dont la France prenait la défense contre la maison d'Autriche. En un mot, il joua l'ambassadeur français, qui, dans son irritation, rejetait la faute sur Michel Mazarin. Il l'accusait d'avoir tout perdu par son indiscrétion. « C'est ce qui nous a obligez, écrivait-il à Brienne (1), à « bailler si promptement l'abbaye pour n'en pas perdre la « grâce, et mériter davantage par cette manière de procé-« der. » L'ambition de Michel Mazarin faisait échouer toutes les autres négociations. « Sans cette maudite prétention, « ajoutait Grémonville (2), il n'y a rien que l'on ne fît « faire au pape par amour ou par force..... Mais ce bon « moine prend la chose d'une telle hauteur, qu'il a passé « jusques à me dire que son affaire estoit la principale « affaire de la France en cette cour, et que les autres n'es-» toient que des accessoires (3). »

Grémonville, en loyal serviteur de la France, ne céda pas à cette ridicule prétention du frère de Mazarin, et ne sacrifia pas les intérêts nationaux à une intrigue de famille. Il pressa vivement le pape d'intervenir en faveur de l'archevêque de Trèves, de reconnaître le roi de Portugal, et de pourvoir aux évêchés de Catalogne. Innocent X traîna d'abord les négociations en longueur, et finit par braver ouvertement la France, en nommant huit cardinaux tous dévoués à l'Espagne. La position de Grémonville n'était plus tenable; il saisit la première occasion d'en sortir avec éclat.

---

(1) Lettres du 15 février 1645, à M. de Brienne.
(2) Ibidem.
(3) Lettre du 6 mars 1645, à M. de Brienne.

Il y avait alors à Rome un député du clergé de Portugal, vieillard respectable, qui s'était placé sous la protection de la France. « Comme il revenoit dimanche dernier de la Ma-
« dona del popolo, écrivait M. de Grémonville vers la fin de
« mars 1645 (1), parmi tout le peuple de Rome qui venoit
« de voir passer une cavalcade des ambassadeurs extraordi-
« naires de Lucques, il fut attaqué par cinquante bandits
« napolitains ou domestiques de l'ambassadeur d'Espagne,
« lesquels, à coups d'arquebuses et d'épée se ruèrent sur
« son carrosse, tuèrent un gentilhomme qui estoit avec
« lui, blessèrent grièvement son cocher, et ayant tiré sur
« lui trois coups dont ils pensoient l'avoir tué, le laissèrent
« sur la place, sans que néantmoins il ayt esté blessé. En-
« suite, ces assassins se retirèrent effrontément à la barbe
« des sbires dans le palais de l'ambassadeur d'Espagne. »

Grémonville, décidé à obtenir satisfaction ou à rompre avec le pape, lui demanda audience sur-le-champ, et fit entendre les plaintes les plus énergiques : « Dès le lende-
« main, lui dit-il, on sçauroit s'il seroit pape ou non,
« c'est-à-dire s'il vouloit régner avec autorité ou se rendre
« honteusement le capelan des Espagnols (2). » Grémon-
ville exigeait une réparation immédiate. Il fallait que dans les vingt-quatre heures l'ambassadeur d'Espagne livrât les assassins ou sortît des États pontificaux. En cas de refus, il menaçait de quitter lui-même Rome avec tous les Français.

---

(1) La lettre de M. de Grémonville est de la fin de mars ou du commencement d'avril. La date manque dans le manuscrit, mais il est facile de la retrouver, en la comparant aux lettres qui pré-
cèdent et qui suivent, la première du 27 mars, et la seconde du 4 avril 1645.

(2) Même lettre de M. de Grémonville.

Innocent X tergiversa, et Grémonville se prépara à exécuter sa menace. Avant son départ, il offrit, de la part du gouvernement français, l'archevêché d'Aix à Michel Mazarin (1), qui se hâta de quitter Rome. Grémonville partit lui-même pour Venise dans les derniers jours d'avril 1645. Ainsi, sa mission de paix avait complétement échoué. Mazarin exaspéré contre le pape, eut recours à la violence. Il fallut une guerre pour arracher à Innocent X ce chapeau de cardinal vainement sollicité par un ambassadeur. Les mémoires du temps, si prolixes sur les intrigues de cour, ne disent rien de cette négociation qui mit l'Italie en feu; ils racontent la guerre, mais ils en suppriment la cause. Une flotte française, sous les ordres de l'amiral de Brézé, cingla vers la Toscane (mai 1646), et, lorsque cet amiral eut succombé, une nouvelle expédition fut dirigée par le maréchal de la Meilleraye, s'empara de Piombino et de Porto-Longone, (octobre 1646), et jeta la terreur dans Rome. Fontenay-Mareuil, que Mazarin chargea alors d'ouvrir une nouvelle négociation avec le pape, sut habilement profiter de l'effroi d'Innocent X, et obtint enfin pour Michel Mazarin la dignité de cardinal (2).

Je ne m'arrêterai pas aux réflexions que suggère la conduite du ministre; chacun peut apprécier la vanité qui sacrifie tout à une intrigue domestique et allume la guerre pour une question d'amour-propre. J'aime mieux vous montrer Grémonville, relégué à Venise, expiant dans une sorte d'exil les torts de la fortune ou plutôt de Michel Mazarin (3), et supportant noblement sa disgrâce. Une autre

_____

(1) Lettre du 17 avril 1645.

(2) Mémoire de Fontenay-Mareuil, t. II, p. 317 et suiv., dans la collect. Petitot.

(3) Sa correspondance avec Brienne reproduit plus d'une fois ses griefs contre Michel Mazarin.

cause, honorable pour l'ambassadeur, vint porter le dernier coup à son crédit.

Pendant son séjour à Rome, il avait été chargé de réclamer l'extradition d'un Français, nommé Beaupui, qu'on accusait de tentative d'assassinat contre Mazarin (1). Le pape avait promis de le faire arrêter et juger, mais sans prendre l'engagement de le livrer à la France. Lorsque plus tard, irrité contre Innocent X, Mazarin voulut lui déclarer la guerre, il fit demander à Grémonville un certificat des négociations qu'il avait suivies pour cette affaire, et lui envoya un modèle qui n'était pas conforme à l'exacte vérité. Grémonville refusa de le signer, et rédigea un acte certifié, où il rendait un compte détaillé et sincère de ses démarches et des réponses du pape (2). La cour ne pardonna pas à l'ambassadeur cette honorable résistance. Lui-même comprit qu'il était perdu, mais il n'hésita pas entre sa conscience et l'intérêt.

« J'ai été mauvais courtisan, écrivait-il à Henri Grou-
« lart, son beau-frère et son ami (3), mais un homme qui
« veut en tous rencontres suivre les debvoirs de l'honneur,
« ne pouvoit, en celui-là, se dispenser de l'austérité à la-
« quelle je me suis attaché…. Je ne suis pas marri d'avoir
« faict l'action d'un homme de vertu, mais je dois me tenir
« malheureux que l'occasion s'en soit présentée ; il m'est
« arrivé, en cela, comme aux gens de guerre qui sont es-

---

(1) « Nobilis Beaupuy Româ hùc captus mittitur navibus longis suspectus fuisse inter præcipuos consiliorum quæ contrà cardinalem Mazarinum suscepta fuere. » Grotii epist. 25 mars 1645; p. 746, 2ᵉ colonne, édit. de Blaeu. Amsterdam, 1687.

(2) Lettre du 9 septembre 1645.

(3) Lettre du 16 décembre 1645.

« galement obligez de hazarder leur vie devant une bico-
« que aussi bien que devant une bonne place. La qualité
« et l'importance des occasions auxquelles l'on a à s'expo-
« ser, faict souvent une bonne partie du mérite des actions,
« ou, pour le moins, les signale et les relève. J'ay hazardé
« et peut-estre perdu ma fortune en une occasion obscure,
« et laquelle ne contribuera pas à mon honneur. Mais pour
« cela, j'aurois cru le perdre, si je n'avois pas faict ce que
« j'ay faict. »

Arrêté au milieu d'une carrière brillante et dans la force de l'âge, Grémonville aimait à se consoler par le témoignage de sa conscience. « Je n'ay que 37 ans, écrivait-il
« le 6 janvier 1646 (1), et j'ay passé desjà sans aucune fa-
« veur par plusieurs beaux et honorables emplois, où je
« me suis bien assuré d'avoir acquis de l'honneur et de
« la réputation ; c'est ce que l'on ne me scaurait oster, et,
« quoiqu'il me peust arriver maintenant de pire, tousjours
« aurois-je cette satisfaction de n'estre privé des fonctions
« publiques que pour avoir faict une action qui m'en doit
« rendre plus digne, et pour avoir voulu constamment et
« hautement persévérer dans la profession d'homme d'hon-
« neur et véritable :

> « . . . . Phalaris licet imperet ut sis
> Falsus, et admoto dictet perjuria tauro,
> Summum crede nefas animam præferre pudori,
> Et propter vitam vivendi perdere causas. »

« Voilà jusques où l'austérité de nostre règle, à nous
« autres qui faisons profession d'estre gens de bien, nous
« oblige ; l'honneur veut avoir ses martyrs aussi bien que

---

(1) Lettre à Henri Groulart. Grémonville avait 40 ans, étant né en 1606.

« la religion ; je ne crois pas que l'on soit obligé d'en re-
« chercher les occasions, mais quand elles se présentent
« il faut les embrasser. »

Je ne sais si je m'abuse, mais il me semble retrouver dans ces paroles l'écho des grandes pensées dont le poète rouennais faisait, à cette époque même, retentir la scène. Cette hauteur de sentiments n'était pas de mise avec Mazarin, et Grémonville avait raison de se croire perdu dans l'esprit d'un ministre, qui exigeait avant tout, de ses agents, le bonheur (1) et l'obéissance passive. Mazarin le laissa languir quelque temps dans un poste sans importance, et où on ne lui payait même pas ses appointements d'ambassadeur. Grémonville finit par demander un congé vers le milieu de l'année 1647 ; il revint à Paris, et y mourut l'année suivante, le 26 novembre 1648. Il est permis de supposer que le chagrin abrégea sa vie ; il écrivait après avoir vu ses espérances trompées (2) : « Les emplois
« publics se font désirer et ont de la douceur, mais sou-
« vent elle se convertit en poison bien amer, qui tue la
« fortune des hommes, pour laquelle on les souhaite.
« Contre ce péril, il n'y a qu'une seule précaution, qui est
« de l'honneur et de la probité. » Grémonville avait 42 ans au moment de sa mort (3) ; il me semble de ceux qu'on peut plaindre, suivant l'expression du cardinal de Retz, *de n'avoir pas rempli tout leur mérite*. Mais, dans ses infortunes mêmes, il s'est montré loyal et courageux ; il a figuré un instant sur un théâtre élevé où se débattaient les questions

---

(1) « Est-il houroux ? » Telle était la première question de Mazarin sur les hommes qu'on lui présentait.

(2) Lettre à Henri Groulart, en date du 6 janvier 1646.

(3) Il fut enterré aux Carmélites de la rue St-Jacques, à Paris.

européennes, et il n'a jamais voulu sacrifier sa conscience et les intérêts de l'État à des intrigues de cour et aux conseils de l'ambition.

Pendant son ambassade, Grémonville entretenait une vaste correspondance avec les principaux personnages de l'époque. On trouve, dans ses papiers, des lettres de Gabriel Naudé, de Jacques Dupuy, de Mme de Motteville, de Saint-Amand, de Turenne, et d'autres personnages célèbres.

Je me bornerai à transcrire deux lettres autographes de Turenne ; elles prouvent à quel point ce grand homme avait souci de l'histoire.

Un annaliste italien, Vittorio Siri, avait accusé le maréchal de trahison envers son frère, le duc de Bouillon. Turenne s'était efforcé, selon cet historien, de lui enlever la ville de Sedan, pour la livrer au cardinal de Richelieu (1). Turenne écrivit à M. de Grémonville les deux lettres suivantes, pour obtenir la rectification de cette erreur (2).

« Monsieur,

J'ai veu dans un livre imprimé en Italie, par un nommé Vittorio Siri, que lon dit estre à ceste heure à Venise, qu'il parle très mal de moi dans laffaire de Sedan, et dit que quand jallai lever en Liegeois, que jestois gagné de feu M. le cardinal pour me saisir d'une porte ; je vous supplie très humblement de vouloir lui parler afin que dans un se-

---

(1) Vittorio Siri, *il Mercurio*, t. I. p. 351, édit. de Casal, 1646.
(2) Les autographes font partie de la collection de M. Bezuel. J'ai conservé l'orthographe et la ponctuation des originaux.

cond volume qu'il met au cours, il tesmoigne comme il a esté mal informé sur cette affaire. Je vous demande comme une grace très particuliaire de vouloir voir le meilleur moien qu'il y aura de faire que cet historien en desabuse tout le monde ; jay cela extrêmement à cœur, et ne scaurois pas vous estre obligé plus estroictement de chose du monde. Je vous demande cependant la continuation de l'honneur de vos bonnes graces, et que vous me croiés très veritablement

Monsieur

Votre tres humble et
tres affectionné serviteur

Turenne.

A Paris, ce 28 mars (1646).

Deux mois après, Turenne insistait :

« Je me donnai lhonneur de vous escrire de Paris sur une chose que j'appris au voiage que j'ai fait ; c'est qu'un historien nommé Vittorio Siri, a mis dans son livre que quand jallai faire des levées au pais de Liege, on m'avoit gagné pour surprendre Sedan, et que mon frère laiant sceu, si jetta pour lempescher ; je croi navoir pas besoin de manifeste la dessus, et cela nest pas seulement apparent ; car mon frère ne bougeoit de Sedan en ce temps la. Ceux qui me cognoistront bien ne maccuseront pas davoir souhaité cette conqueste la au roi.

« Cette affaire ne me toucheroit point si ce n'est que cela est imprimé ; jai suplié à Paris M. de Lione d'en escrire. On croit que le meillieur est qu'il dise dans son second livre quil fait imprimer comme il a eu de mauvais mémoires sur cela. Je vous demande, monsieur, cette grace di chercher le meillieur expédient quil se pourra, afin que lon voie cette fausseté. Vous ne men scauriez faire une plus particuliaire et dont je me sentis plus vostre obligé. Je vous suplie de vouloir envoier vostre responce par Francfurt et l'adresser à M. Cursius qui vous fait tenir celle ci et me croire véritablement

Monsieur

Vostre tres humble et
tres affectionné serviteur

Turenne.

Extrait du *Précis analytique* des Travaux de l'Académie royale
des Sciences, Belles-Lettres et Arts de Rouen,
année 1847.

ROUEN. — Imp. de A. Péron, rue de la Vicomté, 55. (1847.)